全国青少年校园足球
教学指南

全国青少年校园足球工作领导小组办公室　组编

北京体育大学出版社

策划编辑：董英双

责任编辑：吴　珂

审稿编辑：董英双

责任校对：凯　瑞

版式设计：谭德毅

图书在版编目（CIP）数据

全国青少年校园足球教学指南 / 全国青少年校园足
球工作领导小组办公室组编. -- 北京：北京体育大学出
版社, 2018.5
ISBN 978-7-5644-2906-5

Ⅰ.①全… Ⅱ.①全… Ⅲ.①足球运动—教学研究—
中小学 Ⅳ.①G633.962

中国版本图书馆CIP数据核字(2018)第105042号

全国青少年校园足球教学指南　　　　全国青少年校园足球工作领导小组办公室　组编

出　　　版：北京体育大学出版社
地　　　址：北京市海淀区信息路48号
邮　　　编：100084
邮　购　部：北京体育大学出版社读者服务部 010-62989432
发　行　部：010-62989320
网　　　址：http://cbs.bsu.edu.cn
印　　　刷：北京艾普海德印刷有限公司
开　　　本：889×1194毫米　1/16
成品尺寸：210×285毫米
印　　　张：3

2018年11月第1版第2次印刷

定　价：20.00元

（本书因印制装订质量不合格本社发行部负责调换）

《全国青少年校园足球教学指南》

编委会

主　任

王登峰

成　员

樊泽民　李春满　董英双

何珍文　朱红松　高胜杰

目　录

全国青少年校园足球
教学指南

（试行）

引　言

一、为贯彻落实《中国足球改革发展总体方案》和《中国足球中长期发展规划（2016—2050 年）》对发展校园足球的总体要求，指导各地中小学深化足球教学改革，积极推进校园足球普及，制定《全国青少年校园足球教学指南（试行）》（以下简称《指南》）。

二、《指南》坚持立德树人，以普及校园足球，培养学生综合素质和促进青少年健康成长为目标，是指导和规范校园足球教学活动开展的基础性文件，是《体育与健康课程标准》在足球运动项目上的具体落实。主要适用于全国青少年校园足球特色学校。

三、《指南》以目标引领内容，注重学生足球意识、观察能力、交流能力和协作能力的培养。学生在小学阶段主要是了解足球的基本知识，具备足球比赛的基本能力。初中阶段主要是掌握足球比赛的基本要素和竞赛规则，提高控球能力，能够在对抗条件下展现足球基本技战术能力。高中阶段主要是进一步发展对抗条件下的足球技战术能力，培养特长技术和位置意识。

四、《指南》分为两个部分：第一部分是校园足球教学的基本要求，包括小学至高中每一年级的学习目标、学习内容、课时比例和教学要点。第二部分是小学至高中每一年级的课次教学内容示例，在课次内容示例安排中，强调了主要内容，但并不是唯一内容，在教学过程中要注意各课次内容的衔接，注意足球教学的完整性。《指南》按照每一学年 40 课时设计，略超实际课时，供教师制订教学计划时参考和选择使用。

五、在校园足球教学过程中，教师应注重游戏教学法和比赛教学法的运用。在此基础上倡导教师以《指南》为依据，充分发挥主观能动性，不断丰富完善校园足球课堂教学方法和手段，增强足球教学的吸引力，培养学生的足球兴趣，促进校园足球教学质量的提高。

六、针对当前中小学足球水平起点不一，且相当一部分学生足球水平"零起点"的现状，各地可因地制宜、因校制宜选择《指南》中的教学内容。教师应在教学实施前充分了解学生足球技能基本情况，选择难度适宜的学习内容进行教学，做到因材施教。例如选择《指南》中的低一至两个年级的教学内容或仅挑选《指南》中部分规定内容进行教学，降低学习难度，循序渐进，通过 3~5 年的规范教学，逐步过渡到能够完成《指南》规定的学习内容，实现规定的学习目标。《指南》所列出的守门员技术、位置技术以及整体攻防战术等内容具有一定实施难度，可以作为教学过程中的介绍内容。

七、各地要依据《指南》精神，制订符合地方和学校实际情况的足球课程实施方案，注重校园足球教学方法和组织形式的改革，做好学生学习评价、教师教学评价以及课程建设评价，因地制宜地开发利用各种课程资源，体现课程弹性和地方特色。各地中小学可根据《指南》编写供教师使用的学校教学指导手册等，不断丰富教学资源。

一、校园足球教学基本要求

（一）小学阶段

表 1　小学一年级校园足球教学基本要求（以 40 课时为例）

学习目标	学习内容		课时（%）	教学要点
	类别	内容		
1. 参与足球游戏和比赛，培养球感。 2. 体验足球活动的乐趣。	游戏比赛	足球游戏、足球比赛	16（40）	1. 以游戏法为主要教学方法。 2. 以比赛培养学生对足球的兴趣。
	球感	踩球、拉球、拨球、跨球	8（20）	
	技术	脚背外侧运球	4（10）	
		脚内侧踢球、接球	8（20）	
	知识	足球故事	4（10）	
	身体素质	柔韧性、灵敏性、协调性、反应能力	—	

表 2　小学二年级校园足球教学基本要求（以 40 课时为例）

学习目标	学习内容		课时（%）	教学要点
	类别	内容		
1. 学习运球、踢球、接球等基本技术动作，培养球感。 2. 体验足球活动的乐趣。	游戏比赛	足球游戏、足球比赛	16（40）	1. 以游戏法为主要教学方法。 2. 以比赛培养学生对足球的兴趣。
	球感	踩球、拉球、拨球、扣球、跨球	8（20）	
	技术	脚内侧、脚背正面运球	6（15）	
		脚内侧踢球、接球、脚底接球	6（15）	
	知识	足球基础知识	4（10）	
	身体素质	柔韧性、灵敏性、协调性、反应能力	—	

表 3 小学三年级校园足球教学基本要求（以 40 课时为例）

学习目标	学习内容		课时（%）	教学要点
	类别	内容		
1. 乐于学习和展示简单的足球动作。 2. 初步掌握简单的足球组合技术。 3. 培养相互配合的合作意识。	游戏比赛	足球游戏、足球比赛	12 (30)	1. 游戏法与比赛法相结合。 2. 注重学生球感的培养。 3. 注重学生技术运用的合理性。
	球感	踩球、拉球、拨球、扣球、跨球、挑球、颠球	4 (10)	
	技术	脚内侧、脚背正面、脚背外侧运球	4 (10)	
		脚背内侧踢球	6 (15)	
		运球、传球、接球组合	6 (15)	
	战术	2 过 1	4 (10)	
	知识	足球比赛方法	4 (10)	
	身体素质	柔韧性、灵敏性、协调性、平衡能力	—	

表 4 小学四年级校园足球教学基本要求（以 40 课时为例）

学习目标	学习内容		课时（%）	教学要点
	类别	内容		
1. 乐于学习和展示简单的足球动作。 2. 发展运球、踢球、接球等基本组合技术能力以及基础战术意识。 3. 培养合作意识和规则意识。	游戏比赛	足球游戏、足球比赛	12 (30)	1. 游戏法与比赛法相结合。 2. 注重学生技术运用的合理性。 3. 注重学生基础战术意识的培养。
	球感	踩球、拉球、拨球、扣球、跨球、挑球、颠球	4 (10)	
	技术	运球过人	4 (10)	
		脚背正面射门	6 (15)	
		正面、侧面抢截球	2 (5)	
		传球、接球、运球以及射门组合	4 (10)	
	战术	2 过 1	4 (10)	
	知识	足球竞赛规则	4 (10)	
	身体素质	柔韧性、灵敏性、协调性、平衡能力	—	

表 5 小学五年级校园足球教学基本要求（以 40 课时为例）

学习目标	学习内容		课时(%)	教学要点
	类别	内容		
1. 主动参与足球学习。 2. 逐步提高组合技术能力以及与同伴的协作能力。 3. 强化规则意识，学会调节情绪的方法。	球感	踩球、拉球、拨球、扣球、跨球、挑球、颠球	4 (10)	1. 注重学生左右脚的协调发展。 2. 注重学生局部攻防意识的培养。 3. 注重小场地比赛的运用。
	技术	脚背内侧踢空中球	4 (10)	
		脚底、脚内侧接反弹球、大腿接球	4 (10)	
		传球、接球、运球、射门组合	4 (10)	
	战术	2vs1、3vs1 等攻防	8 (20)	
	比赛	小场地比赛	12 (30)	
	知识	运动饮食、营养与卫生	4 (10)	
	身体素质	灵敏性、协调性、平衡能力、速度素质	—	

表 6 小学六年级校园足球教学基本要求（以 40 课时为例）

学习目标	学习内容		课时(%)	教学要点
	类别	内容		
1. 主动参与足球学习。 2. 进一步提高学生在比赛中技战术的运用能力。 3. 强化规则意识，学会调节情绪的方法。	球感	踩球、拉球、拨球、扣球、跨球、挑球、颠球	4 (10)	1. 注重学生左右脚的协调发展。 2. 注重学生攻防意识的培养。 3. 注重小场地比赛的运用。
	技术	脚背接空中球、胸部接球	4 (10)	
		前额正面头顶球	4 (10)	
		传球、接球、运球、射门组合	4 (10)	
	战术	3vs2、3vs3 等攻防	8 (20)	
	比赛	小场地比赛	12 (30)	
	知识	伤害预防、自我保护	4 (10)	
	身体素质	灵敏性、协调性、平衡能力、速度素质	—	

（二）初中阶段

表 7　初中一年级校园足球教学基本要求（以 40 课时为例）

学习目标	学习内容		课时（%）	教学要点
	类别	主要内容		
1. 积极参与足球活动。 2. 发展组合技术能力，掌握基础战术方法。 3. 通过足球活动树立自尊和自信。	球感	活动中的综合球感	2 (5)	1. 注重培养学生在活动中的技术能力。 2. 注重培养学生的战术协作能力。
	技术	运球及运球过人	4 (10)	
		活动中的踢、接地滚球、空中球、反弹球	4 (10)	
		结合射门的组合技术	6 (15)	
	战术	1vs1、2vs2、3vs3 等攻防	6 (15)	
		角球、任意球攻防	2 (5)	
	比赛	小场地比赛	12 (30)	
	理论知识	足球理论概述	4 (10)	
	身体素质	速度素质、耐力素质	—	

表 8　初中二年级校园足球教学基本要求（以 40 课时为例）

学习目标	学习内容		课时（%）	教学要点
	类别	主要内容		
1. 积极参与足球活动。 2. 提高组合技术能力和战术运用能力。 3. 培养顽强拼搏的精神，树立自尊和自信。	球感	活动中的综合球感	2 (5)	1. 注重培养学生在活动中的技术能力。 2. 注重培养学生的战术协作能力。
	技术	运球及运球过人	4 (10)	
		活动中的踢、接地滚球、空中球、反弹球	4 (10)	
		结合射门的组合技术	6 (15)	
	战术	1vs1、2vs2、3vs3 等攻防	6 (15)	
		角球、任意球攻防	2 (5)	
	比赛	小场地比赛	12 (30)	
	理论知识	足球文化及足球规则介绍	4 (10)	
	身体素质	速度素质、耐力素质	—	

表 9　初中三年级校园足球教学基本要求（以 40 课时为例）

学习目标	学习内容		课时（％）	教学要点
	类别	主要内容		
1. 积极参与足球活动。 2. 强化在对抗中技术组合和战术配合的灵活运用能力。 3. 培养顽强拼搏的精神，树立自尊和自信。	球感	活动中的综合球感	2 (5)	1. 注重培养学生在活动中的技术能力。 2. 注重培养学生的战术协作能力。
	技术	对抗中的运球过人技术综合运用	4 (10)	
		对抗中多部位踢球、接球的灵活运用	4 (10)	
		结合射门的组合技术	6 (15)	
	战术	1vs1、2vs2、3vs3 等攻防	6 (15)	
		角球、任意球攻防	2 (5)	
	比赛	小场地或全场比赛	12 (30)	
	理论知识	技战术原理及足球裁判法	4 (10)	
	身体素质	速度素质、耐力素质	—	

（三）高中阶段

表 10　高中一年级校园足球教学基本要求（以 40 课时为例）

学习目标	学习内容		课时（％）	教学要点
	类别	主要内容		
1. 通过足球养成良好的体育锻炼的习惯。 2. 发展学生在对抗中技战术的综合运用能力。 3. 在足球活动中表现出良好的体育道德和合作精神。	技术	对抗中的综合运控球	6 (15)	1. 注重培养学生的位置技术。 2. 注重培养学生的团队合作意识。 3. 注重培养学生在对抗中技战术的综合运用能力。
		对抗中的综合踢球、接球及射门等	8 (20)	
	战术	定位球攻防	2 (5)	
		局部攻防	6 (15)	
	比赛	小场地或全场比赛	14 (35)	
	理论与实践	整体攻防战术、比赛分析	4 (10)	
	身体素质	力量素质、耐力素质	—	

表 11　高中二年级校园足球教学基本要求（以 40 课时为例）

学习目标	学习内容		课时（%）	教学要点
	类别	主要内容		
1.通过足球养成良好的体育锻炼的习惯。 2.提高学生在对抗中技战术的综合运用能力。 3.在足球活动中表现出良好的进取和合作精神。	技术	对抗中的综合运控球	6 (15)	1.注重培养学生的位置技术与技能。 2.注重培养学生的团队合作意识。 4.注重培养学生在对抗中技战术的综合运用能力。
		对抗中的综合踢球、接球及射门等	8 (20)	
	战术	定位球攻防	2 (5)	
		局部攻防	6 (15)	
	比赛	小场地或全场比赛	14 (35)	
	理论与实践	整体攻防战术、比赛分析	4 (10)	
	身体素质	力量素质、耐力素质	—	

表 12　高中三年级校园足球教学基本要求（以 40 课时为例）

学习目标	学习内容		课时（%）	教学要点
	类别	主要内容		
1.通过足球养成良好的体育锻炼的习惯。 2.强化学生在对抗中技战术的综合运用能力。 3.在足球活动中表现出良好的进取和合作精神。	技术	对抗中的综合运控球	6 (15)	1.注重培养学生的位置技能与个人特长。 2.注重培养学生的团队合作意识。 3.注重以各种形式的对抗强化学生技战术综合运用能力。
		对抗中的综合踢球、接球及射门等	8 (20)	
	战术	定位球攻防	2 (5)	
		局部攻防	6 (15)	
	比赛	小场地或全场比赛	14 (35)	
	理论与实践	整体攻防战术、比赛分析	4 (10)	
	身体素质	力量素质、耐力素质	—	

二、校园足球教学课次内容示例

（一）小学阶段

表 13　小学一年级教学课次内容示例

一年级 – 上学期		一年级 – 下学期	
课次	主要内容	课次	主要内容
第 1 课	持球接力游戏；踩球	第 1 课	足球搬家游戏；踩球
第 2 课	拨地滚球接力游戏；拉球	第 2 课	"橄榄球"游戏；拉球
第 3 课	喊号抛接球游戏；拨球	第 3 课	带球跑接力游戏；拨球
第 4 课	拨地滚球比准游戏；跨球	第 4 课	头顶夹球合作游戏；跨球
第 5 课	踢球比准游戏；踩球	第 5 课	抢球游戏；踩球
第 6 课	两人合作背夹球游戏；拉球	第 6 课	三人围圈拉手运球游戏；拉球
第 7 课	"保龄球"游戏；拨球	第 7 课	"保龄球"游戏；拨球
第 8 课	脚内侧夹球跳比快游戏；跨球	第 8 课	前后搭肩夹球跳比快游戏；跨球
第 9 课	脚内侧踢球；接球	第 9 课	脚内侧踢球；接球
第 10 课	脚内侧踢球；接球	第 10 课	脚内侧踢球；接球
第 11 课	脚内侧踢球、接球；小场地比赛	第 11 课	脚内侧踢球、接球；小场地比赛
第 12 课	脚内侧踢球、接球；小场地比赛	第 12 课	脚内侧踢球、接球；小场地比赛
第 13 课	脚背外侧运球；小场地比赛	第 13 课	脚背外侧运球；小场地比赛
第 14 课	脚背外侧运球；小场地比赛	第 14 课	脚背外侧运球；小场地比赛
第 15 课	脚内侧踢球、接球；小场地比赛	第 15 课	脚内侧踢球、接球；小场地比赛
第 16 课	脚内侧踢球、接球；小场地比赛	第 16 课	脚内侧踢球、接球；小场地比赛
第 17 课	脚背外侧运球；小场地比赛	第 17 课	脚背外侧运球；小场地比赛
第 18 课	脚背外侧运球；小场地比赛	第 18 课	脚背外侧运球；小场地比赛
第 19 课	知识课：足球运动小故事	第 19 课	知识课：足球运动小故事
第 20 课	知识课：足球运动小故事	第 20 课	知识课：足球运动小故事

表 14　小学二年级教学课次内容示例

二年级 – 上学期		二年级 – 下学期	
课次	主要内容	课次	主要内容
第 1 课	持球接力游戏；踩球	第 1 课	运球接力游戏；脚底踩拉球
第 2 课	"橄榄球"游戏；拉球	第 2 课	传抢球游戏；扣球、跨球
第 3 课	运球接力游戏；拨球	第 3 课	运球绕杆接力游戏；球感组合练习
第 4 课	抢球游戏；跨球	第 4 课	计时传球接力游戏；球感组合练习
第 5 课	踩球、拉球；小场地比赛	第 5 课	球感组合练习；小场地比赛
第 6 课	拨球、跨球；小场地比赛	第 6 课	球感组合练习；小场地比赛
第 7 课	脚背正面运球；小场地比赛	第 7 课	脚内侧运球、拨球变向运球；小场地比赛
第 8 课	脚背正面运球；小场地比赛	第 8 课	脚内侧运球、扣球变向运球；小场地比赛
第 9 课	脚背正面运球；小场地比赛	第 9 课	脚内侧运球、换脚扣球变向运球；小场地比赛
第 10 课	脚内侧绕圈运球；小场地比赛	第 10 课	脚背正面运球、脚背外侧扣球转身；小场地比赛
第 11 课	脚内侧变向运球；小场地比赛	第 11 课	脚背内侧、脚背外侧交替运球；小场地比赛
第 12 课	脚背正面运球、踩球转身；小场地比赛	第 12 课	脚背内侧、脚背外侧运球绕障碍物；小场地比赛
第 13 课	原地脚内侧踢球、脚内侧接球；小场地比赛	第 13 课	脚内侧连续踢球；小场地比赛
第 14 课	原地脚内侧踢球、脚底接球；小场地比赛	第 14 课	脚内侧连续踢球；小场地比赛
第 15 课	活动中脚内侧踢球、脚内侧接球；小场地比赛	第 15 课	脚内侧踢准；小场地比赛
第 16 课	活动中脚内侧踢球、脚底接球；小场地比赛	第 16 课	脚内侧踢准；小场地比赛
第 17 课	活动中脚内侧踢球、脚内侧接球；小场地比赛	第 17 课	脚内侧踢球、脚底接球；小场地比赛
第 18 课	活动中脚内侧踢球、脚底接球；小场地比赛	第 18 课	脚内侧踢球、脚内侧接球；小场地比赛
第 19 课	知识课：足球运动基础知识	第 19 课	知识课：足球运动基础知识
第 20 课	知识课：足球运动基础知识	第 20 课	知识课：足球运动基础知识

表 15　小学三年级教学课次内容示例

三年级 - 上学期		三年级 - 下学期	
课次	主要内容	课次	主要内容
第 1 课	足球游戏；球感练习	第 1 课	足球游戏；球感练习
第 2 课	足球游戏；球感练习	第 2 课	足球游戏；球感练习
第 3 课	球感练习；小场地比赛	第 3 课	球感练习；小场地比赛
第 4 课	球感练习；小场地比赛	第 4 课	球感练习；小场地比赛
第 5 课	脚背内侧踢球；小场地比赛	第 5 课	脚背外侧直线运球、拉球转身组合；小场地比赛
第 6 课	脚背内侧踢球；小场地比赛	第 6 课	运球、左脚右跨球、右脚扣球转身；小场地比赛
第 7 课	脚内侧运球、脚背内侧踢地滚球；小场地比赛	第 7 课	运球、右脚左跨球、左脚扣球转身；小场地比赛
第 8 课	脚背正面运球、脚背内侧踢地滚球；小场地比赛	第 8 课	直线运球、脚底踩球、跳步转身；小场地比赛
第 9 课	脚背外侧运球、脚背内侧踢地滚球；小场地比赛	第 9 课	脚背内侧射门比赛；小场地比赛
第 10 课	脚背外侧运球、脚背内侧扣球转身；小场地比赛	第 10 课	脚背内侧踢空中球；小场地比赛
第 11 课	脚背内侧踢地滚球、脚底接球组合；小场地比赛	第 11 课	脚背内侧踢远；小场地比赛
第 12 课	脚背内侧踢地滚球、脚内侧接球组合；小场地比赛	第 12 课	脚背外侧拨球、脚背内侧踢空中球；小场地比赛
第 13 课	脚背内侧踢球、脚内侧接球组合；小场地比赛	第 13 课	接球、脚背内侧踢空中球；小场地比赛
第 14 课	脚内侧接球转身、脚背内侧射门组合；小场地比赛	第 14 课	脚背内侧运球、传接球组合；小场地比赛
第 15 课	脚内侧接球转身、运球绕杆、射门组合；2 过 1	第 15 课	脚背内侧、外侧运球变向运球组合；2 过 1
第 16 课	区域内运球变向转身运球组合；2 过 1	第 16 课	脚背内侧、外侧运球变速运球组合；2 过 1
第 17 课	2 过 1；小场地比赛	第 17 课	2 过 1；小场地比赛
第 18 课	2 过 1；小场地比赛	第 18 课	2 过 1；小场地比赛
第 19 课	知识课：足球比赛基本方法	第 19 课	知识课：足球比赛基本方法
第 20 课	知识课：足球比赛基本方法	第 20 课	知识课：足球比赛基本方法

表 16　小学四年级教学课次内容示例

四年级 – 上学期		四年级 – 下学期	
课次	主要内容	课次	主要内容
第 1 课	足球游戏；综合球感	第 1 课	足球游戏；综合球感
第 2 课	足球游戏；综合球感	第 2 课	足球游戏；综合球感
第 3 课	综合球感；小场地比赛	第 3 课	综合球感；小场地比赛
第 4 课	综合球感；小场地比赛	第 4 课	综合球感；小场地比赛
第 5 课	运球变向假动作；脚背正面射门	第 5 课	对抗下运球变速过人；脚背正面射门
第 6 课	运球变速假动作；脚背正面射门	第 6 课	对抗下假动作过人； 脚背正面射门
第 7 课	运球假动作过人；小场地比赛	第 7 课	接控球、运球假动作；小场地比赛
第 8 课	运球过人组合；小场地比赛	第 8 课	运球过人；小场地比赛
第 9 课	脚背正面射门比赛；正面抢截球	第 9 课	运球绕杆射门比赛；正面抢截球
第 10 课	活动中脚背正面射门；侧面抢截球	第 10 课	运球绕杆射门比赛；侧面抢截球
第 11 课	活动中脚背正面射门；小场地比赛	第 11 课	活动中脚背正面射门；小场地比赛
第 12 课	活动中绕障碍物脚背正面射门； 小场地比赛	第 12 课	活动中过障碍脚背正面射门； 小场地比赛
第 13 课	传接球、射门组合；2 过 1	第 13 课	曲线运球绕障碍物、射门组合； 2 过 1
第 14 课	运球过人、射门组合；2 过 1	第 14 课	运球变向过人、脚背正面射门组合； 2 过 1
第 15 课	运球变向假动作过人、射门组合； 小场地比赛	第 15 课	运球变向假动作过人、射门组合； 小场地比赛
第 16 课	运球变速假动作过人、射门组合； 小场地比赛	第 16 课	运球变速假动作过人、射门组合； 小场地比赛
第 17 课	2 过 1；小场地比赛	第 17 课	2 过 1；小场地比赛
第 18 课	2 过 1；小场地比赛	第 18 课	2 过 1；小场地比赛
第 19 课	知识课：足球竞赛基本规则	第 19 课	知识课：足球竞赛基本规则
第 20 课	知识课：足球竞赛基本规则	第 20 课	知识课：足球竞赛基本规则

表 17　小学五年级教学课次内容示例

五年级－上学期		五年级－下学期	
课次	主要内容	课次	主要内容
第 1 课	综合球感；脚背内侧踢空中球	第 1 课	综合球感；脚背内侧空中球踢准
第 2 课	综合球感；脚背内侧踢空中球	第 2 课	综合球感；脚背内侧空中球踢远
第 3 课	综合球感；脚底接控反弹球	第 3 课	综合球感；大腿接控球
第 4 课	综合球感；脚底接控反弹球	第 4 课	综合球感；大腿接控球
第 5 课	脚背内侧踢空中球；小场地比赛	第 5 课	脚背内侧踢角球；小场地比赛
第 6 课	脚背内侧踢空中球；小场地比赛	第 6 课	脚背内侧踢任意球；小场地比赛
第 7 课	脚内侧接控反弹球；小场地比赛	第 7 课	脚内侧接控反弹球；小场地比赛
第 8 课	脚内侧接控反弹球；小场地比赛	第 8 课	脚内侧接控反弹球；小场地比赛
第 9 课	脚内侧接控反弹球、运球绕杆、射门组合；2vs1	第 9 课	大腿接控球、脚背内侧射门组合；2vs1
第 10 课	接控反弹球、运球过人、射门组合；3vs2	第 10 课	脚内侧接控反弹球、脚背正面射门组合；3vs2
第 11 课	脚背内侧传空中球、接控反弹球组合；小场地比赛	第 11 课	脚背内侧传空中球、接控反弹球组合；小场地比赛
第 12 课	脚背内侧传空中球、接控反弹球组合；小场地比赛	第 12 课	脚背内侧传空中球、接控反弹球组合；小场地比赛
第 13 课	2vs1；小场地比赛	第 13 课	2vs1；小场地比赛
第 14 课	2vs1；小场地比赛	第 14 课	2vs1；小场地比赛
第 15 课	2vs1；小场地比赛	第 15 课	2vs1；小场地比赛
第 16 课	3vs1；小场地比赛	第 16 课	3vs1；小场地比赛
第 17 课	3vs1；小场地比赛	第 17 课	3vs1；小场地比赛
第 18 课	3vs1；小场地比赛	第 18 课	3vs1；小场地比赛
第 19 课	知识课：运动饮食；营养与卫生知识	第 19 课	知识课：运动饮食；营养与卫生知识
第 20 课	知识课：运动饮食；营养与卫生知识	第 20 课	知识课：运动饮食；营养与卫生知识

表 18　小学六年级教学课次内容示例

六年级 – 上学期		六年级 – 下学期	
课次	主要内容	课次	主要内容
第 1 课	综合球感；脚背外侧接空中球	第 1 课	综合球感；脚背正面接空中球
第 2 课	综合球感；脚背外侧接空中球	第 2 课	综合球感；脚背外侧接空中球
第 3 课	综合球感；脚背正面接空中球	第 3 课	综合球感；胸部接球
第 4 课	综合球感；脚背正面接空中球	第 4 课	综合球感；胸部接球
第 5 课	前额正面头顶球；脚背接空中球、反弹球、运球射门组合	第 5 课	前额正面头顶球；胸部接球、射门组合
第 6 课	前额正面头顶球；运球绕杆、脚内侧传球、头球冲顶射门组合	第 6 课	前额正面头顶球；胸部接反弹球、射门组合
第 7 课	前额正面头顶球；小场地比赛	第 7 课	前额正面头顶球射门；小场地比赛
第 8 课	前额正面头顶球；小场地比赛	第 8 课	前额正面头顶球射门；小场地比赛
第 9 课	传接球、运球过人、射门组合；3vs2	第 9 课	脚内侧传球接球、运球射门组合；3vs2
第 10 课	传接球、运球过人、射门组合；3vs3	第 10 课	脚背外侧接空中球、运球过杆射门组合；3vs3
第 11 课	3vs2；小场地比赛	第 11 课	3vs2；小场地比赛
第 12 课	3vs2；小场地比赛	第 12 课	3vs2；小场地比赛
第 13 课	3vs2；小场地比赛	第 13 课	3vs2；小场地比赛
第 14 课	3vs3；小场地比赛	第 14 课	3vs3；小场地比赛
第 15 课	3vs3；小场地比赛	第 15 课	3vs3；小场地比赛
第 16 课	3vs3；小场地比赛	第 16 课	3vs3；小场地比赛
第 17 课	小场地比赛	第 17 课	小场地比赛
第 18 课	小场地比赛	第 18 课	小场地比赛
第 19 课	知识课：足球运动损伤与自我保护	第 19 课	知识课：足球运动损伤与自我保护
第 20 课	知识课：足球运动损伤与自我保护	第 20 课	知识课：足球运动损伤与自我保护

（二）初中阶段

表 19　初中一年级教学课次内容示例

初中一年级－上学期		初中一年级－下学期	
课次	主要内容	课次	主要内容
第 1 课	球感练习；脚内侧踢、接地滚球	第 1 课	球感练习；活动中脚背内侧踢球、脚内侧接球
第 2 课	球感练习；活动中脚内侧踢、接地滚球、空中球、反弹球	第 2 课	球感练习；脚背外侧踢、接地滚球、空中球、反弹球
第 3 课	变速运球过人；脚背正面踢定位球、活动球、脚内侧、脚背外侧接球	第 3 课	活动中脚背内侧踢定位球；脚内侧、脚背外侧接球
第 4 课	变速运球过人；脚背内侧踢球	第 4 课	运球过人；对抗中利用假动作抢截球；小场地比赛
第 5 课	假动作运球过人；活动中跳起正面头顶球射门；小场地比赛	第 5 课	正面、侧面防守；运球过人；小场地比赛
第 6 课	假动作运球过人；掷界外球；小场地比赛	第 6 课	运球过人后射门；小场地比赛
第 7 课	角球传中；活动中跳起头顶球射门；小场地比赛	第 7 课	接地滚球；运球过人后射门；小场地比赛
第 8 课	脚背正面接空中球射门；小场地比赛	第 8 课	接空中球；运球过人后射门；小场地比赛
第 9 课	脚背内侧、脚背外侧接地滚球、反弹球后运球射门；小场地比赛	第 9 课	接反弹球；运球过人后射门（限制区域）；小场地比赛
第 10 课	介绍守门员基本技术；小场地比赛	第 10 课	介绍守门员基本技术；小场地比赛
第 11 课	角球、界外球攻防；小场地比赛	第 11 课	任意球、界外球攻防；小场地比赛
第 12 课	1vs1 攻防的护球、摆脱；小场地比赛	第 12 课	1vs1 攻防的护球、摆脱；小场地比赛
第 13 课	2 人进攻配合；小场地比赛	第 13 课	1 防 2、2 防 3、3 防 4 等局部以少防多；小场地比赛
第 14 课	2 人防守配合；小场地比赛	第 14 课	3 防 2、4 防 3、5 防 4 等局部以多防少；小场地比赛
第 15 课	跑位与接应、墙式配合；小场地比赛	第 15 课	2 攻 1、3 攻 2、4 攻 3、5 攻 4 等局部以多攻少；小场地比赛
第 16 课	局部 5 人攻防配合；小场地比赛	第 16 课	局部 5 人攻防配合；小场地比赛
第 17 课	比赛原则介绍；7vs7 整体攻防比赛	第 17 课	比赛原则介绍；8vs8 整体攻防比赛
第 18 课	比赛原则介绍；7vs7 整体攻防比赛	第 18 课	比赛原则介绍；8vs8 整体攻防比赛
第 19 课	知识课：足球战术知识；竞赛规则；比赛观摩	第 19 课	知识课：足球战术知识；竞赛规则；比赛观摩
第 20 课	知识课：足球战术知识；竞赛规则；比赛观摩	第 20 课	知识课：足球战术知识；竞赛规则；比赛观摩

表 20 初中二年级教学课次内容示例

初中二年级 – 上学期		初中二年级 – 下学期	
课次	主要内容	课次	主要内容
第 1 课	球感练习； 活动及对抗中脚内侧踢、接地滚球	第 1 课	球感练习； 较快速及对抗中脚内侧踢、接地滚球
第 2 课	球感练习； 活动及对抗中脚内侧踢、接反弹球	第 2 课	球感练习； 较快速及对抗下脚内侧踢、接反弹球
第 3 课	活动及对抗中脚内侧踢、接空中球； 变向运球过人	第 3 课	左右脚背内侧踢反弹球、空中球、 地滚球；脚背外侧、脚内侧接球
第 4 课	左右脚背正面踢、接地滚球、 反弹球、空中球；变速运球过人	第 4 课	左右脚背外侧踢地滚球、反弹球、 空中球；脚背外侧、脚内侧接球
第 5 课	接地滚球；假动作运球过人； 小场地比赛	第 5 课	接空中球、地滚球、拨球；运球过人； 小场地比赛
第 6 课	接空中球、反弹球、拉球； 运球过人；小场地比赛	第 6 课	接空中球、地滚球、扣球；运球过人； 小场地比赛
第 7 课	活动中跳起正面顶球射门； 小场地比赛	第 7 课	接地滚球；运球转身过人后射门； 小场地比赛
第 8 课	活动中跳起侧面顶球射门； 小场地比赛	第 8 课	多部位接空中球射门；小场地比赛
第 9 课	接反弹球；运球过人后射门； 小场地比赛	第 9 课	区域盯人防守；小场地比赛
第 10 课	接球；运球过人后射门；小场地比赛	第 10 课	局部 3vs3 攻防；小场地比赛
第 11 课	连续 2 过 1 的 3vs2；小场地比赛	第 11 课	局部 4vs4 攻防；小场地比赛
第 12 课	第 2 空当的 3vs2；小场地比赛	第 12 课	局部 5vs4 攻防；小场地比赛
第 13 课	局部 3vs3 攻防；小场地比赛	第 13 课	局部 5vs5 攻防；小场地比赛
第 14 课	罚球区附近正面直接任意球攻防； 小场地比赛	第 14 课	罚球区附近侧面直接任意球攻防； 小场地比赛
第 15 课	短传角球攻防；小场地比赛	第 15 课	长传角球攻防；小场地比赛
第 16 课	介绍守门员基本技术； 小场地比赛	第 16 课	介绍守门员基本技术； 小场地比赛
第 17 课	比赛原则介绍； 8vs8 整体攻防比赛	第 17 课	比赛原则介绍； 8vs8 整体攻防比赛
第 18 课	比赛原则介绍； 8vs8 整体攻防比赛	第 18 课	比赛原则介绍； 8vs8 整体攻防比赛
第 19 课	比赛原则介绍； 11vs11 整体攻防比赛	第 19 课	比赛原则介绍； 11vs11 整体攻防比赛
第 20 课	知识课：足球文化介绍	第 20 课	知识课：足球规则介绍

表 21 初中三年级教学课次内容示例

初中三年级 – 上学期		初中三年级 – 下学期	
课次	主要内容	课次	主要内容
第 1 课	快速活动中的球感练习； 脚内侧踢、接地滚球、反弹球、空中球	第 1 课	快速活动中的球感练习； 脚内侧踢、接地滚球、反弹球、空中球
第 2 课	快速活动及对抗中脚内侧踢、 接地滚球、反弹球、空中球	第 2 课	快速活动及对抗中脚背正面踢、 接反弹球、空中球、地滚球
第 3 课	快速活动及对抗中脚背内侧踢、 接地滚球、反弹球、空中球	第 3 课	快速活动及对抗中脚背外侧踢、 接反弹球、空中球、地滚球
第 4 课	运球过人；抢截球技术练习	第 4 课	运球过人；抢截球技术练习
第 5 课	运球过人；抢截球技术练习	第 5 课	运球过人；抢截球技术练习
第 6 课	接球转身后射门； 小场地比赛	第 6 课	三人配合中射门；小场地比赛
第 7 课	接空中球凌空射门；小场地比赛	第 7 课	组合传接球结合射门； 小场地比赛
第 8 课	接反弹球；运球过人后射门； 小场地比赛	第 8 课	快速射门；小场地比赛
第 9 课	介绍守门员基本技术；小场地比赛	第 9 课	介绍守门员基本技术；小场地比赛
第 10 课	任意球攻防；小场地比赛	第 10 课	角球、掷界外球攻防；小场地比赛
第 11 课	活动中争顶球；边路传中球防守； 小场地比赛	第 11 课	快攻中边路转移攻防；小场地比赛
第 12 课	快攻中的边路传中攻防；小场地比赛	第 12 课	快攻中的中路突破攻防；小场地比赛
第 13 课	4vs4 前场快速进攻；小场地比赛	第 13 课	4vs4、5vs5 协同防守；小场地比赛
第 14 课	中路渗透进攻；小场地比赛	第 14 课	转移进攻；小场地比赛
第 15 课	边路传中进攻；小场地比赛	第 15 课	边路防守；小场地比赛
第 16 课	11vs11 整体进攻；比赛	第 16 课	11vs11 整体进攻；比赛
第 17 课	11vs11 整体进攻；比赛	第 17 课	11vs11 整体进攻；比赛
第 18 课	11vs11 整体防守；比赛	第 18 课	11vs11 整体防守；比赛
第 19 课	知识课：个人、小组攻防战术	第 19 课	知识课：个人、小组攻防战术
第 20 课	知识课：足球裁判法	第 20 课	知识课：足球裁判法

（三）高中阶段

表 22　高中一年级教学课次内容示例

高中一年级 – 上学期		高中一年级 – 下学期	
课次	主要内容	课次	主要内容
第 1 课	比赛情景下运球变向、变速、转身	第 1 课	比赛情景下运球变向、变速、转身
第 2 课	比赛情景下踢地滚球、空中球、反弹球	第 2 课	比赛情景下踢地滚球、空中球、反弹球
第 3 课	比赛情境下的综合传接球	第 3 课	比赛情境下的综合传接球
第 4 课	比赛情境下的综合传接球	第 4 课	比赛情境下的综合传接球
第 5 课	前锋位置技术的抢点射门；小场地比赛	第 5 课	前锋位置技术组合；小场地比赛
第 6 课	前锋、前卫进攻位置技术配合；小场地比赛	第 6 课	前锋、前卫防守位置技术配合；小场地比赛
第 7 课	定位球攻防；小场地比赛	第 7 课	定位球攻防；小场地比赛
第 8 课	1vs2 个人进攻；小场地比赛	第 8 课	1vs2 个人进攻；小场地比赛
第 9 课	1vs2 个人防守；小场地比赛	第 9 课	1vs2 个人防守；小场地比赛
第 10 课	2vs3 小组进攻；小场地比赛	第 10 课	2vs3 小组进攻；小场地比赛
第 11 课	2vs3 小组防守；小场地比赛	第 11 课	2vs3 小组防守；小场地比赛
第 12 课	边路进攻；小场地比赛	第 12 课	边路进攻；小场地比赛
第 13 课	边路防守；小场地比赛	第 13 课	边路防守；小场地比赛
第 14 课	中路进攻；小场地比赛	第 14 课	中路进攻；小场地比赛
第 15 课	中路防守；小场地比赛	第 15 课	中路防守；小场地比赛
第 16 课	433 基本阵型的 11 人制比赛	第 16 课	433 基本阵型的 11 人制比赛
第 17 课	433 基本阵型的 11 人制比赛	第 17 课	433 基本阵型的 11 人制比赛
第 18 课	442 基本阵型的 11 人制比赛	第 18 课	442 基本阵型的 11 人制比赛
第 19 课	知识课：整体攻防战术；比赛分析	第 19 课	知识课：整体攻防战术；比赛分析
第 20 课	知识课：整体攻防战术；比赛分析	第 20 课	知识课：整体攻防战术；比赛分析

表 23　高中二年级教学课次内容示例

高中二年级－上学期		高中二年级－下学期	
课次	主要内容	课次	主要内容
第 1 课	比赛情景下运球变向、变速、转身	第 1 课	比赛情景下运球变向、变速、转身
第 2 课	比赛情景下传接地滚球、 空中球、反弹球	第 2 课	比赛情景下传接地滚球、 空中球、反弹球
第 3 课	比赛情景下接球后射门；运球后射门	第 3 课	比赛情景下接球后射门；运球后射门
第 4 课	比赛情景下接球、运球过人后射门	第 4 课	比赛情景下接球、运球过人后射门
第 5 课	后卫防守位置技术；小场地比赛	第 5 课	后卫进攻位置技术；小场地比赛
第 6 课	前卫、后卫防守位置技术配合； 小场地比赛	第 6 课	前卫、后卫进攻位置技术配合； 小场地比赛
第 7 课	守门员接球、踢球和手抛球体验； 小场地比赛	第 7 课	守门员接球、踢球和手抛球体验； 小场地比赛
第 8 课	前锋、前卫边路协同进攻； 小场地比赛	第 8 课	前锋、前卫边路协同进攻； 小场地比赛
第 9 课	前锋、前卫边路协同防守； 小场地比赛	第 9 课	前锋、前卫边路协同防守； 小场地比赛
第 10 课	前锋、前卫中路协同进攻； 小场地比赛	第 10 课	前锋、前卫中路协同进攻； 小场地比赛
第 11 课	前卫、后卫协同防守；小场地比赛	第 11 课	前卫、后卫协同防守；小场地比赛
第 12 课	前卫、后卫协同进攻；小场地比赛	第 12 课	前卫、后卫协同进攻；小场地比赛
第 13 课	前卫、后卫协同防守；小场地比赛	第 13 课	前卫、后卫协同防守；小场地比赛
第 14 课	442 基本阵型的 11 人制比赛	第 14 课	442 基本阵型的 11 人制比赛
第 15 课	433 基本阵型的 11 人制比赛	第 15 课	433 基本阵型的 11 人制比赛
第 16 课	433 基本阵型的 11 人制比赛	第 16 课	433 基本阵型的 11 人制比赛
第 17 课	352 基本阵型的 11 人制比赛	第 17 课	451 基本阵型的 11 人制比赛
第 18 课	352 基本阵型的 11 人制比赛	第 18 课	451 基本阵型的 11 人制比赛
第 19 课	知识课：整体攻防战术；比赛分析	第 19 课	知识课：整体攻防战术；比赛分析
第 20 课	知识课：整体攻防战术；比赛分析	第 20 课	知识课：整体攻防战术；比赛分析

表 24　高中三年级教学课次内容示例

高中三年级 – 上学期		高中三年级 – 下学期	
课次	主要内容	课次	主要内容
第 1 课	比赛情景下运球变向、变速、转身	第 1 课	比赛情景下运球变向、变速、转身
第 2 课	比赛情景下运球变向、变速、转身及运球过人	第 2 课	比赛情景下运球变向、变速、转身及运球过人
第 3 课	比赛情景下传接球组合	第 3 课	比赛情景下传接球组合
第 4 课	1vs1 快速运球过人后射门	第 4 课	1vs1 快速运球过人后射门
第 5 课	1vs1 接地滚球、快速运球过人后射门；小场地比赛	第 5 课	1vs1 接空中球；快速运球过人后射门；小场地比赛
第 6 课	后卫位置技术的抢点解围；小场地比赛	第 6 课	前卫、后卫位置技术组合；小场地比赛
第 7 课	后卫位置技术组合；小场地比赛	第 7 课	前卫位置技术的转移球；后卫防守队形；小场地比赛
第 8 课	前锋、前卫前场协同进攻；小场地比赛	第 8 课	前锋、前卫前场协同进攻；小场地比赛
第 9 课	前锋、前卫前场协同防守；小场地比赛	第 9 课	前锋、前卫前场协同防守；小场地比赛
第 10 课	前卫、后卫后场协同控制球；小场地比赛	第 10 课	前卫、后卫后场协同控制球；小场地比赛
第 11 课	前卫、后卫后场协同防守；小场地比赛	第 11 课	前卫、后卫后场协同防守；小场地比赛
第 12 课	角球攻防组合；小场地比赛	第 12 课	角球攻防组合；小场地比赛
第 13 课	任意球攻防组合；小场地比赛	第 13 课	任意球攻防组合；小场地比赛
第 14 课	11 人制比赛	第 14 课	11 人制比赛
第 15 课	11 人制比赛	第 15 课	11 人制比赛
第 16 课	11 人制比赛	第 16 课	11 人制比赛
第 17 课	11 人制比赛	第 17 课	11 人制比赛
第 18 课	11 人制比赛	第 18 课	11 人制比赛
第 19 课	知识课：整体攻防战术；比赛分析	第 19 课	知识课：整体攻防战术；比赛分析
第 20 课	知识课：整体攻防战术；比赛分析	第 20 课	知识课：整体攻防战术；比赛分析

学生足球运动技能等级评定标准

（试行）

一、说　明

1.《学生足球运动技能等级评定标准（试行）》（以下简称《标准》）是校园足球教育工作的基础性指导文件和教育质量基本标准，是评价学生足球运动技能和评估校园足球及衡量各地校园足球发展的重要依据，是引导学生提升足球运动技能水平的重要手段，主要适用于全日制普通小学、初中、普通高中、中等职业学校的学生。

2.《标准》从球感、运球、踢球、身体素质和比赛能力五个方面综合评价学生足球技能水平。根据学生掌握足球运动技能的规律，《标准》将学生足球运动技能划分为五个等级，每个等级的测评内容体系不同，每个等级都具有相对独立的评分标准。

3.《标准》每个等级的各单项指标满分为10分，综合得分为各单项指标得分与权重乘积之和，达到标准的得分为7.5分。

4. 学生可根据本《标准》的要求，定期对所掌握的足球运动技能进行自评，以便了解和掌握学习足球的情况。校园足球特色学校要结合有关活动，组织学生进行测试，对达到《标准》的学生给予认定，并进行公布。学生达到《标准》的情况可纳入学生综合素质评价体系。

5. 各地在《标准》实施过程中，要根据实际情况，因地制宜，逐步推进，把"达标升级"转化为学生学练足球的自觉行动。

6. 本《标准》由教育部负责解释。

二、单项指标和权重

表 1　单项指标和权重对照表

等级	单项指标	权重（%）
一级	颠球、踩拨球	10
	往返运球	25
	踢准	25
	冲刺跑	15
	小场地比赛	25
二级	脚背正面颠球	10
	绕杆运球	25
	踢准	20
	折线跑	15
	小场地比赛	30
三级	行进颠球	10
	绕杆运球	20
	运球踢准	20
	绕杆跑	15
	小场地比赛	35
四级	头颠球	10
	折线运球	20
	定位球踢准	20
	多向绕杆跑	10
	比赛	40
五级	多部位颠球	10
	折线运球	20
	运球射门	20
	折返跑	10
	比赛	40

三、评分表

表2 一级评分表

测评内容	单位	单项得分									
		10	9	8	7	6	5	4	3	2	1
颠球、踩拨球	分	10	9	8	7	6	5	4	3	2	1
往返运球	秒	≤7.2	7.3~8.0	8.1~9.2	9.3~10.0	10.1~11.1	11.2~11.9	12~12.7	12.8~13.3	13.4~14.3	14.4~15.1
踢准	分	10	9	8	7	6	5	4	3	2	1
冲刺跑	秒	≤4.0	4.1~4.2	4.3~4.4	4.5~4.6	4.7~4.8	4.9~5.0	5.1~5.2	5.3~5.4	5.5~5.6	5.7~5.8
小场地比赛	分	10	9	8	7	6	5	4	3	2	1

技能综合评分：颠球或踩拨球得分×0.1+10米往返运球得分×0.25+8米踢准得分×0.25+20米跑得分×0.15+小场地比赛得分×0.25。

一级达标分值：综合得分达到7.5分及以上认定达到一级标准。

表3 二级评分表

测评内容	单位	单项得分									
		10	9	8	7	6	5	4	3	2	1
脚背正面颠球	个	≥35	29~34	24~28	19~23	15~18	11~14	7~10	5~6	4	3
绕杆运球	秒	≤9.3	9.4~10.0	10.1~10.2	10.3~11.6	11.7~12.8	12.9~13.9	14.0~14.7	14.8~15.8	15.9~16.9	17.0~18.0
踢准	分	10	9	8	7	6	5	4	3	2	1
折线跑	秒	≤8.8	8.9~9.1	9.2~9.3	9.4~9.6	9.7~9.9	10.0~10.2	10.3~10.5	10.6~10.9	11.0~11.7	11.8~12.5
小场地比赛	分	10	9	8	7	6	5	4	3	2	1

技能综合评分：脚背正面颠球得分×0.1+20米绕杆运球得分×0.25+10米踢准得分×0.2+折线跑得分×0.15+小场地比赛得分×0.3。

二级达标分值：综合得分达到7.5分及以上认定达到二级标准。

表4　三级评分表

测评内容	性别	单位	单项得分									
			10	9	8	7	6	5	4	3	2	1
行进颠球	一	次	0	1	2	3	4	5	6	7	8	9
绕杆运球	女	秒	≤9.0	9.1~10.2	10.3~11.1	11.2~12.3	12.4~13.1	13.2~13.9	14.0~14.9	15.0~16.3	16.4~17.6	17.7~18.6
	男		≤8.5	8.6~9.3	9.4~9.8	9.9~10.7	10.8~11.4	11.5~12.4	12.5~13.1	13.2~14.0	14.1~14.8	14.9~15.6
运球踢准	一	分	10	9	8	7	6	5	4	3	2	1
绕杆跑	女	秒	≤5.8	5.9~6.2	6.3~6.4	6.5~6.6	6.7~6.8	6.9~7.0	7.1~7.2	7.3~7.4	7.5~7.7	7.8~8.5
	男		≤4.9	5.0~5.5	5.6~6.0	6.1~6.3	6.4~6.5	6.6~6.7	6.8~6.9	7.0~7.1	7.2~7.4	7.5~7.9
小场地比赛	一	分	10	9	8	7	6	5	4	3	2	1

技能综合评分：行进颠球得分×0.1+20米不等距绕杆运球得分×0.2+运球踢准得分×0.2+20米绕杆跑得分×0.15+小场地比赛得分×0.35。

三级达标分值：综合得分达到7.5分及以上认定达到三级标准。

表5　四级评分表

测评内容	性别	单位	单项得分									
			10	9	8	7	6	5	4	3	2	1
头颠球	一	个	≥50	45~49	40~44	35~39	30~34	25~29	20~24	15~19	10~14	5~9
折线运球	女	秒	≤11.1	11.2~12	12.1~12.8	12.9~13.6	13.7~14.2	14.3~14.7	14.8~15.3	15.4~15.9	16.0~16.5	16.6~17
	男		≤10.4	10.5~11.0	11.1~11.8	11.9~12.2	12.3~12.4	12.5~12.9	13.0~13.2	13.3~14.2	14.3~15.3	15.4~16
定位球踢准	一	分	≥15	12~14	11	10	9	8	7	6	5	4
多向绕杆跑	女	秒	≤16.4	16.5~16.8	16.9~17.3	17.4~17.8	17.9~18.5	18.6~19.2	19.3~20.0	20.1~20.8	20.9~21.7	21.8~22.5
	男		≤15.4	15.5~15.8	15.9~16.2	16.3~16.4	16.5~16.8	16.9~17.2	17.3~17.8	17.9~18.4	18.5~19.3	19.4~20
比赛	一	分	10	9	8	7	6	5	4	3	2	1

技能综合评分：头颠球得分×0.1+折线运球得分×0.2+定位球踢准得分×0.2+多向绕杆跑得分×0.1+比赛得分×0.4。

四级达标分值：综合得分达到7.5分及以上认定达到四级标准。

表6　五级评分表

测评内容	性别	单位	单项得分									
			10	9	8	7	6	5	4	3	2	1
多部位颠球	一	个	10	9	8	7	6	5	4	3	2	1
折线运球	女	秒	≤10.6	10.7 ~ 11.5	11.6 ~ 11.8	11.9 ~ 12.3	12.4 ~ 12.8	12.9 ~ 13.8	13.9 ~ 14.4	14.5 ~ 15.1	15.2 ~ 15.9	16.0 ~ 16.8
	男		≤9.8	9.9 ~ 10.5	10.6 ~ 11.3	11.4 ~ 11.7	11.8 ~ 11.9	12.0 ~ 12.4	12.5 ~ 13.0	13.1 ~ 13.6	13.7 ~ 14.8	14.9 ~ 15.5
运球射门	一	分	10	9	8	7	6	5	4	3	2	1
折返跑	女	秒	≤36	36.1 ~ 36.6	36.7 ~ 37.2	37.3 ~ 37.8	37.9 ~ 38.4	38.5 ~ 39	39.1 ~ 39.6	39.7 ~ 40.2	40.3 ~ 40.8	40.9 ~ 41.5
	男		≤33	33.1 ~ 33.3	33.4 ~ 33.6	33.7 ~ 33.8	33.9 ~ 34.2	34.3 ~ 34.6	34.7 ~ 35.5	35.6 ~ 36.6	36.7 ~ 37.7	37.8 ~ 38.5
比赛	一	分	10	9	8	7	6	5	4	3	2	1

技能综合评分：多部位颠球得分×0.1+折线运球得分×0.2+运球射门得分×0.2+折返跑得分×0.1+比赛得分×0.4。

五级达标分值：综合得分达到7.5分及以上认定达到五级标准。

四、测试方法与要求

（一）一级测试方法

1. 脚背颠球、双脚交替踩球和脚内侧拨球

测试场地：平整的人工草或天然草足球场，划定5米×5米区域。

测试方法：①脚背颠球：听测评员口令后，把放在原地的足球用脚踢起或用手抛起，用单脚或双脚脚背进行颠球，球落地可重新开始，球颠出规定区域则停止测试。测评时间不超过1分钟。②双脚交替踩球：听测评员口令后，用双脚前脚掌连续交替做踩球动作，球保持原地或移动状态皆可。球失去控制可重新开始，球出规定区域则停止测试。测评时间不超过1分钟。③双脚脚内侧拨球：听测评员口令后，用双脚脚内侧连续进行横向拨球动作，运动员原地拨球或移动状态皆可。球失去控制可重新开始，球出规定区域则停止测试。测评时间不超过1分钟。

评分方法：测评员根据学生的控球能力表现进行评分，评分为整数分，满分为10分。

2. 往返运球

测试场地：平整的人工草或天然草足球场，划定10米×5米区域（图1）。

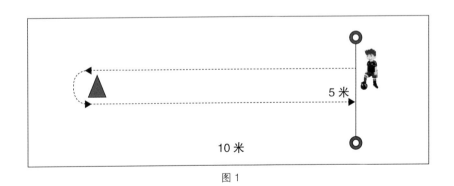

5米

10米

图1

测试方法：听测评员口令后，从起始线开始快速运球，绕过距起始线10米处的标志筒后运球返回，以脚踩球于起始线上结束。

评分方法：测评员计时，球动开始计时，球踩到线上停止计时。根据评分标准打分。测试2次，记录最佳成绩。

3. 踢　准

测试场地：平整的人工草或天然草足球场，划定10米×6米区域。球门距起始线8米，球门尺寸1.5米×1米，球门和球门之间相距0.5米（图2）。

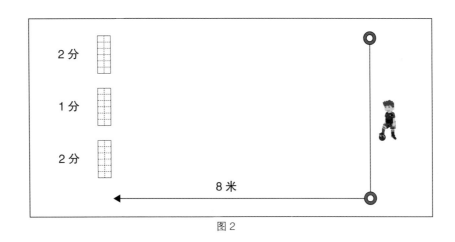

图2

测试方法：听到测评员口令后，在起始线上用脚内侧踢地滚球的方式将球踢进距起始线8米处的3个足球门，每人5球。

评分方法：测评员计分，踢进中间球门得1分，踢进两侧球门得2分，按照每个球踢进球门所得分数累计相加得出最后分数。测试2次，记录最佳成绩。

4. 冲刺跑

测试场地：平整的人工草或天然草足球场，划定20米×5米区域（图3）。

图3

测试方法：测试学生采用站立式起跑，听测评员口令后，加速跑冲过终点线。

评分方法：测评员计时，测试2次，记录最佳成绩。

5. 小场地比赛

比赛形式：五人制，用 4 号球，比赛时间 15 分钟，比赛场地和竞赛规则参照国际足联最新审定的《五人制足球竞赛规则》。

比赛评分：3 名测评员对测试学生进行比赛评分，满分为 10 分，以 3 人的平均分作为该学生的最终比赛评分。评分标准参照表 7。

（二）二级测试方法

1. 脚背正面颠球

测试场地：平整的人工草或天然草足球场，划定5米×5米区域。

测试方法：听到测评员口令后，把足球用脚踢起或用手抛起，运用脚背正面进行颠球，球落地或球颠出规定区域则停止测试。测评时间不超过 1 分钟。

评分方法：测评员记录学生颠球次数，并根据评分标准进行评分。评分为整数分，满分为 10 分。测试 2 次，记录最佳成绩。

2. 绕杆运球

测试场地：平整的人工草或天然草足球场，划定25米×5米区域。起点距第一个杆距离4米，其余杆距2米，起点距终点20米（图4）。

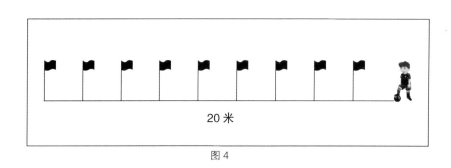

20 米

图 4

测试方法：听测评员口令后，从起始线开始运球出发，依次绕过间隔 2 米排列的 8 个标志杆，以运球过终点线结束。

评分方法：测评员计时，对照评分标准给予相应成绩，测试 2 次，记录最佳成绩，漏杆则成绩无效。

3. 踢　准

测试场地：平整的人工草或天然草足球场，划定12米×6米区域。球门距起始线10米，球门尺寸1.5米×1米，球门和球门之间相距0.5米（图5）。

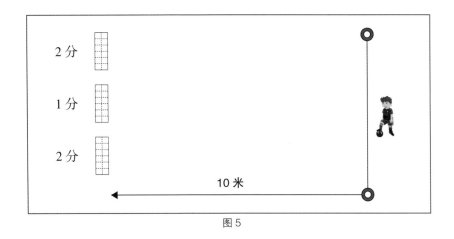

图5

测试方法：听测评员口令后，在起始线上用脚内侧踢地滚球的方式将球踢进距起始线10米处的3个足球门，每人5球。

评分方法：测评员计分，踢进中间球门得1分，踢进两侧球门得2分，按照每个球踢进球门所得分数累计相加得出最后分数。测试2次，记录其最佳成绩。

4. 折线跑

测试场地：平整的人工草或天然草足球场，划定22米×5米区域。起点距终点20米，标志杆宽间距4米，长间距8米（图6）。

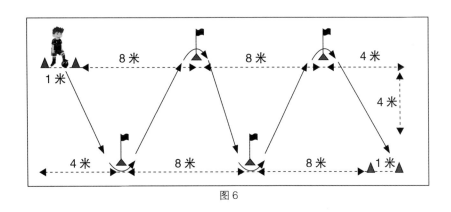

图6

测试方法：听到测评员口令后，从起始线站立式起跑，按顺序依次绕过标志杆外侧，冲过终点线。运球启动开始计时，冲过终点停止计时。

评分方法：测评员计时，对照评分标准给予相应成绩。测试2次，记录最佳成绩，碰倒杆或漏杆则成绩无效。

5. 小场地比赛

比赛形式：五人制，用 4 号球，比赛时间 15 分钟，比赛场地和竞赛规则参照国际足联最新审定的《五人制足球竞赛规则》。

比赛评分：3 名测评员对测试学生进行比赛评分，满分为 10 分，以 3 人的平均分作为该学生的最终比赛评分。评分标准参照表 7。

（三）三级测试方法

1. 行进颠球

测试场地：平整的人工草或天然草足球场，划定 10 米 ×5 米区域（图 7）。

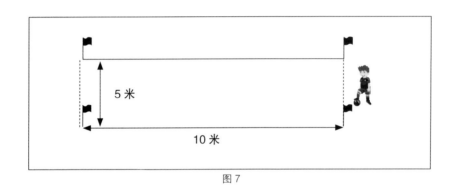

图 7

测试方法：听到测评员口令后，把足球用脚踢起或用手抛起，用身体的有效部位行进间走颠球。从起始线出发，到达 10 米线后折返回到起始线结束。球落地则在最后触球地点重新开始颠球，球颠出规定区域则停止测试。

评分方法：测评员记录学生掉球次数，并根据评分标准进行评分。测试 2 次，记录最佳成绩。

2. 绕杆运球

测试场地：平整的人工草或天然草足球场，划定 25 米 ×5 米区域。起点距第一个杆距离 4 米，其余杆距依次为 1 米、3 米，起点距终点 20 米（图 8）。

测试方法：听到测评员口令后，从起始线开始运球出发，依次绕过间隔不等的 8 个标志杆，以球踩终点线为结束。

评分方法：测评员计时，对照评分标准给予相应成绩。测试 2 次，记录最佳成绩，漏杆则成绩无效。

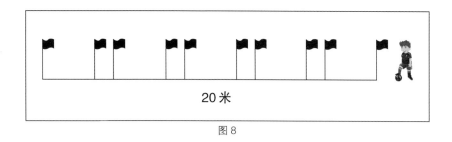

图 8

3. 运球踢准

测试场地：平整的人工草或天然草足球场，划定20米×6米区域。球门距起始线15米；传球区3米×2米，距起始线2米；球门1.5米×1米，球门和球门之间相距0.5米（图9）。

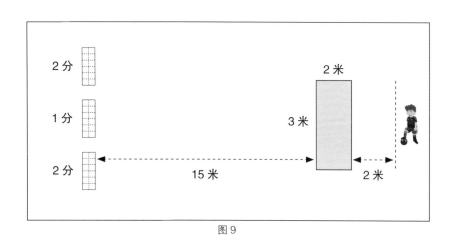

图 9

测试方法：听到测评员口令后，在起始线上运球，进入传球区内，用脚内侧踢地滚球的方式将球踢进距起始线15米处的3个球门，每人5球。

评分方法：测评员计分，在传球区内进行传球得分有效，踢进中间球门得1分，踢进两侧球门得2分，累计相加得出最后分数。测试2次，记录最佳成绩。

4. 绕杆跑

测试场地：平整的人工草或天然草足球场，划定20米×5米区域。起点距第一个标志杆4米，其余杆距2米，起点距终点20米（图10）。

测试方法：听到测评员口令后，以站立式起跑姿势从起始线开始加速跑，依次绕过间隔2米排列的8个标志杆，冲过终点线为结束。

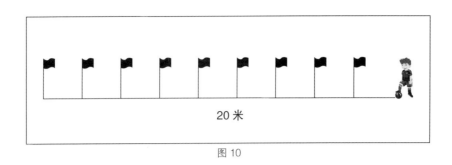

20 米

图 10

评分方法：测评员计时，对照评分标准给予相应成绩。测试 2 次，记录最佳成绩，漏杆则成绩无效。

5. 小场地比赛

比赛形式：八人制，用 4 号球，比赛时间 15 分钟，比赛场地和竞赛规则参照国际足联最新审定的《足球竞赛规则》。

比赛评分：3 名测评员对测试学生进行比赛评分，满分为 10 分，以 3 人的平均分作为该学生的最终比赛评分。评分标准参照表 7。

（四）四级测试方法

1. 头颠球

测试场地：平整的人工草或天然草足球场，划定 5 米 × 5 米区域。

测试方法：在 5 米 × 5 米的场区内，将球抛起用头部进行颠球，记录其连续头颠球个数。

评分方法：测评员计算连续头颠球个数，球落地、颠出区域或用其他部位调整则结束。对照评分标准给予相应成绩。测试 2 次，记录最佳成绩。

2. 折线运球

测试场地：平整的人工草或天然草足球场，划定 22 米 × 5 米区域。起点距终点 20 米，标志杆之间的宽间距 4 米、长间距 8 米（图 11）。

测试方法：听到测评员口令后，从起始线开始运球，分别绕过标志杆外侧，冲过终点线。运球启动开始计时，运球冲过终点停止计时。

评分方法：测评员计时，对照评分标准给予相应成绩。测试 2 次，记录最佳成绩，碰倒杆或漏杆则成绩无效。

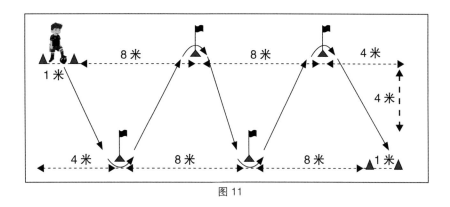

图 11

3.定位球踢准

测试场地：足球墙（可用球门拉线代替），射门位置距球门或足球墙 16.8 米（图 12）。

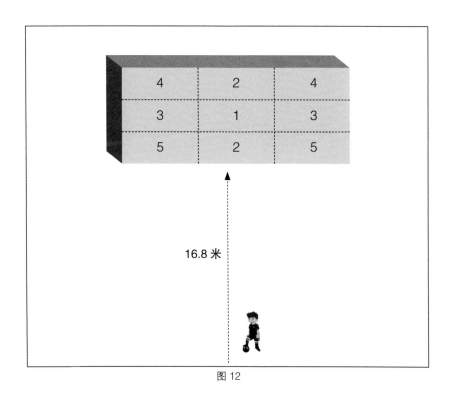

图 12

测试方法：听到测评员口令后，将摆在罚球区线上的足球踢向球门，每人踢 5 个球。

评分方法：测评员按球射中各区域的分值记录得分，如球打在两个或多个区域交界线或点上，记录较高分值。最后 5 个分值累加，对照评分标准给予相应成绩。测试 2 次，记录最佳成绩。

4.多向绕杆跑

测试场地：平整的人工草或天然草足球场，划定15米×5米区域。中间区域的标志杆之间间距2米（图13）。

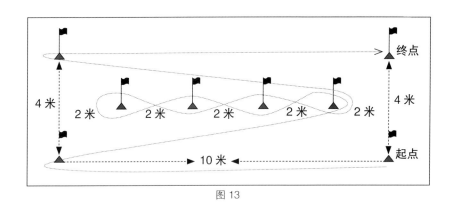

图13

测试方法：听到测评员口令后，从起始点采用站立式起跑，按照规定路线，依次越过各标志杆后冲过终点。

评分方法：测评员记录其所用时间。漏杆或者没有按照既定路线则没有成绩。测试2次，记录最佳成绩。

5.场地比赛

比赛形式：十一人制，用5号球，比赛时间20分钟，比赛场地和竞赛规则参照国际足联最新审定的《足球竞赛规则》。

比赛评分：3名测评员对测试学生进行比赛评分，满分为10分，以3人的平均分作为该学生的最终比赛评分。评分标准参照表7。

（五）五级测试方法

1.多部位颠球

测试场地：平整的人工草或天然草足球场，划定5米×5米区域。

测试方法：用身体7个有效部位（左右脚背正面、左右脚内侧、左右大腿正面、头部）依次完成连续颠球动作。

评分方法：测评员计算完整使用7个部位连续颠球的次数，球落地、颠出区域或用其他部位调整则结束。对照评分标准给予相应成绩。测试2次，记录最佳成绩。

2. 折线运球

测试场地：平整的人工草或天然草足球场，划定22米×5米区域。起点距终点20米，标志杆之间的宽间距4米、长间距8米（图14）。

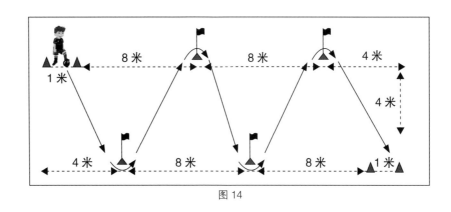

图 14

测试方法：听到测评员口令后，从起始线开始运球，按照顺序依次绕过标志杆外侧，冲过终点线。运球启动开始计时，运球冲过终点停止计时。

评分方法：测评员计时，对照评分标准给予相应成绩。测试 2 次，记录最佳成绩，碰倒杆或漏杆则成绩无效。

3. 运球射门

测试场地：平整的人工草或天然草足球场的罚球区或足球墙。射门区距球门或足球墙 16.8 米，起点距射门区 2 米，射门区面积为 3 米 × 2 米（图 15）。

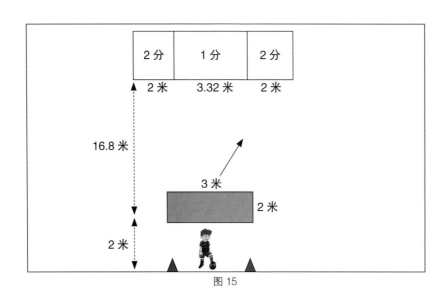

图 15

测试方法：听到测评员口令后，从起始线运球进入射门区后，进行正脚背射门。每人踢 5 个球。

评分方法：测评员按球射中各区域的分值记录得分。射入球门中间区域每球得 1 分，射入球门两侧区域每球得 2 分，其余情况均不得分。5 个成绩相加为射门最后成绩，对照评分标准给予相应成绩。测试 2 次，记录最佳成绩。

4. 折返跑

测试场地：平整的人工草或天然草足球场，划定 25 米 ×5 米区域。中间区域标志筒之间间距 5 米（图 16）。

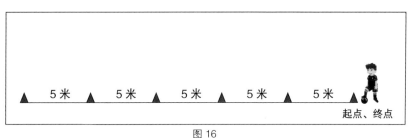

图 16

测试方法：听到测评员口令后，从起始点采用站立式起跑，按照规定路线进行折返跑。必须按由近及远的顺序依次用手触碰每个标志筒，最终跑回终点。

评分方法：测评员记录其所用时间。漏筒或者没有按照既定路线则没有成绩。测试 2 次，记录最佳成绩。

5. 比　赛

比赛形式：十一人制，用 5 号球，比赛时间 20 分钟，比赛场地和竞赛规则参照国际足联最新审定的《足球竞赛规则》。

比赛评分：3 名测评员对测试学生进行比赛评分，满分为 10 分，以 3 人的平均分作为该学生的最终比赛评分。评分标准参照表 7。

表7　比赛评分标准

分值	10~9分	8~7分	6~5分	5分以下
参考标准	比赛中技术动作运用合理规范；攻防意识突出，善于和同伴配合；跑动积极，比赛作风优良，心理状态稳定，充满比赛热情。	比赛中技术动作运用较为合理；攻防意识表现较好，能够和同伴队友配合；跑动较为积极，比赛作风良好，心理状态稳定。	比赛中技术动作运用基本合理；攻防意识一般，和同伴协作较少；比赛作风一般，心理状态较为稳定。	比赛中技术动作运用不合理，完成动作不规范；攻防意识较差，协作能力较差；跑动不积极，比赛作风较差，心理状态不稳定。

（六）测评要求

1. 测试场地

运用《标准》对学生进行足球技能等级测试时，要求在天然草或人工草场地进行。测试场地平整、软硬度适中，场地的大小以可容纳五项不同测试内容同时进行为基本条件。

2. 测试器材

运用《标准》对学生进行足球技能等级测试时，需要运用的测试器材包括：皮尺、足球、标志杆（筒、盘）、秒表、口哨、成绩记录表等。其中：一级至三级测试使用4号足球，四级至五级测试使用5号足球；标志筒不高于20厘米；标志杆不高于1.2米；小型球门高1米、宽1.5米。

3. 学生装备

学生进行测试时，应穿着较为宽松轻便的运动服，夏天可穿运动短袖和短裤，脚上穿胶底碎钉足球鞋。进行小场地比赛时应严格按照《足球竞赛规则》的要求检查装备，除去禁止佩戴和其他随身物品，并佩戴护腿板。

4. 测试程序

学生在测试前应进行不低于15分钟的热身活动，并熟悉测试内容。在此基础上，按照编号依次进行单项内容的测试，比赛为最后一项测试内容。全部测试内容完成后，由测试人员记录最终测试成绩并上报主管部门。

5. 其他要求

参加测评的学生必须具有不少于一年的足球课教学或课余训练经历。测试应在较为适宜的天气条件下进行，避免在恶劣天气条件下进行测评。